La Fontaine

Illustrations de Maya FILIP

Le corbeau et le renard

Maître corbeau, sur un arbre perché,
Tenait en son bec un fromage.
Maître renard, par l'odeur alléché,
Lui tint à peu près ce langage :

« Et bonjour, Monsieur du Corbeau.
Que vous êtes joli ! que vous me semblez beau !
Sans mentir, si votre ramage
Se rapporte à votre plumage,
Vous êtes le phénix[1] des hôtes de ces bois. »
A ces mots, le corbeau ne se sent pas de joie ;
Et pour montrer sa belle voix,
Il ouvre un large bec, laisse tomber sa proie.

1. *Oiseau imaginaire*

Le renard s'en saisit, et dit : « Mon bon monsieur,
Apprenez que tout flatteur
Vit aux dépens de celui qui l'écoute.
Cette leçon vaut bien un fromage sans doute. »
Le corbeau honteux et confus,
Jura, mais un peu tard, qu'on ne l'y prendrait plus.

Le petit poisson et le pêcheur

Petit poisson deviendra grand,
Pourvu que Dieu lui prête vie.
Mais le lâcher en attendant,
Je tiens pour moi que c'est folie;

Car de le rattraper il n'est pas trop certain.
Un carpeau qui n'était encore que fretin[1]
Fut pris par un pêcheur au bord d'une rivière.
« Tout fait nombre, dit l'homme, en voyant son butin ;
Voilà commencement de chère[2] et de festin ;
Mettons-le en notre gibecière. »
Le pauvre carpillon lui dit en sa manière :

1. *Très petit poisson*

2. *Nourriture*

« Que ferez-vous de moi ? je ne saurais fournir
Au plus qu'une demi-bouchée.
Laissez-moi carpe devenir :
Je serai par vous repêchée.
Quelque gros partisan m'achètera bien cher,
Au lieu qu'il vous en faut chercher
Peut-être encore cent de ma taille
Pour faire un plat. Quel plat ? croyez-moi : rien qui vaille.

2

— Rien qui vaille ? Eh bien, soit, repartit le pêcheur ;
Poisson, mon bel ami, qui faites le prêcheur,
Vous irez dans la poêle ; et vous avez beau dire,
Dès ce soir on vous fera frire. »
Un tiens vaut, ce dit-on, mieux que deux tu l'auras.
L'un est sûr, l'autre ne l'est pas.

DANS LA MÊME COLLECTION :

- Le renard et la cigogne
- Le lièvre et la tortue
- Le loup et l'agneau
- Perrette et le pot au lait
- Le chat, la belette et le petit lapin
- Les deux mulets
- Le rat de ville et le rat des champs
- La cigale et la fourmi
- L'ours et les deux compagnons
- Le cochet, le chat et le souriceau
- La grenouille qui se veut faire
  aussi grosse que le bœuf
  Le renard et le bouc
- Le corbeau et le renard
  Le petit poisson et le pêcheur
- Le laboureur et ses enfants
  Le pot de terre et le pot de fer
- La belette entrée dans le grenier
  Le singe et le chat
- Le loup, la chèvre et le chevreau
  Le renard et l'écureuil
- Le loup et la cigogne
  La tortue et les deux canards
- L'âne et le petit chien
  Le chat et le renard
- La poule aux œufs d'or
  L'âne chargé d'éponges
  et l'âne chargé de sel